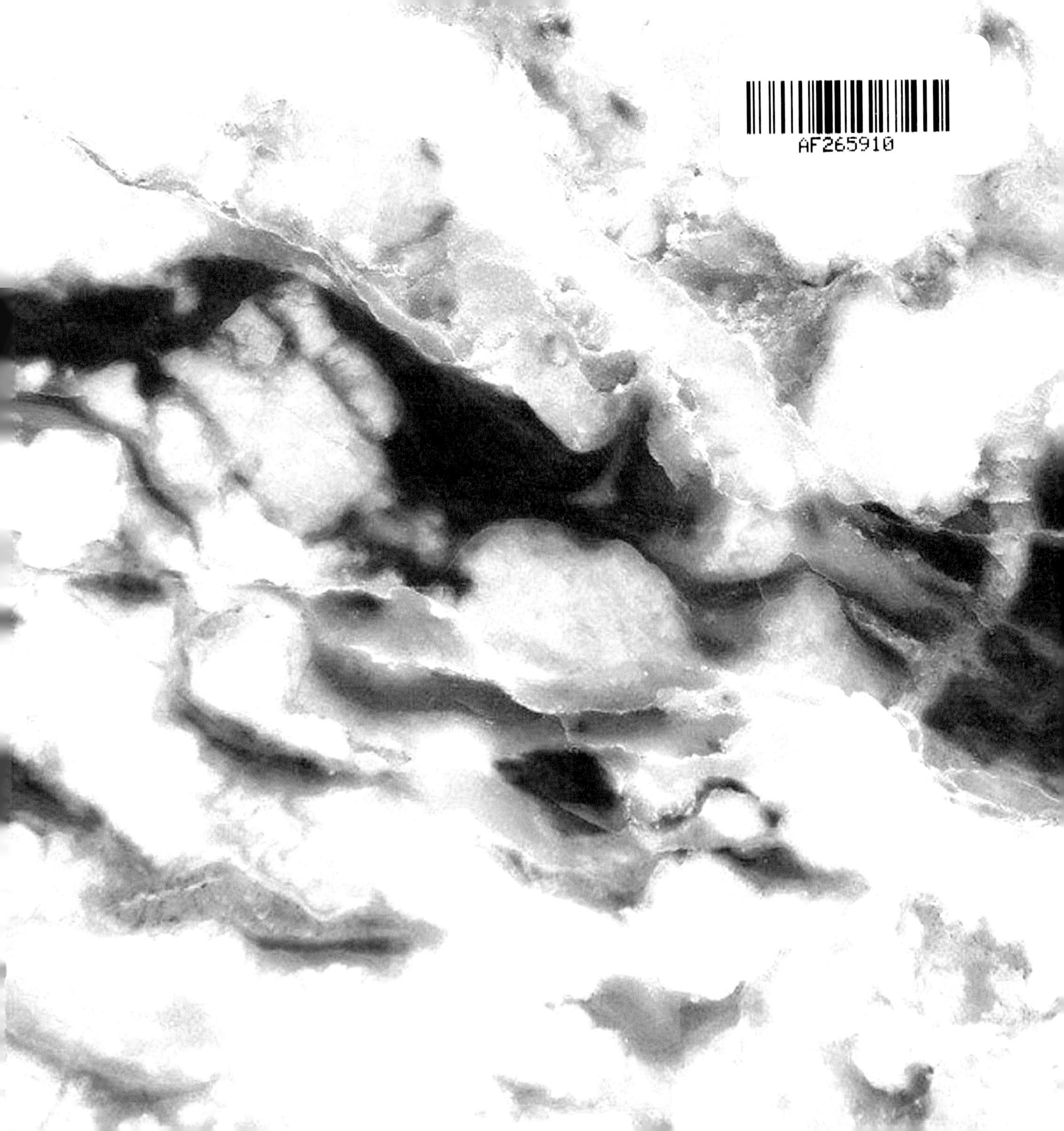
AF265910

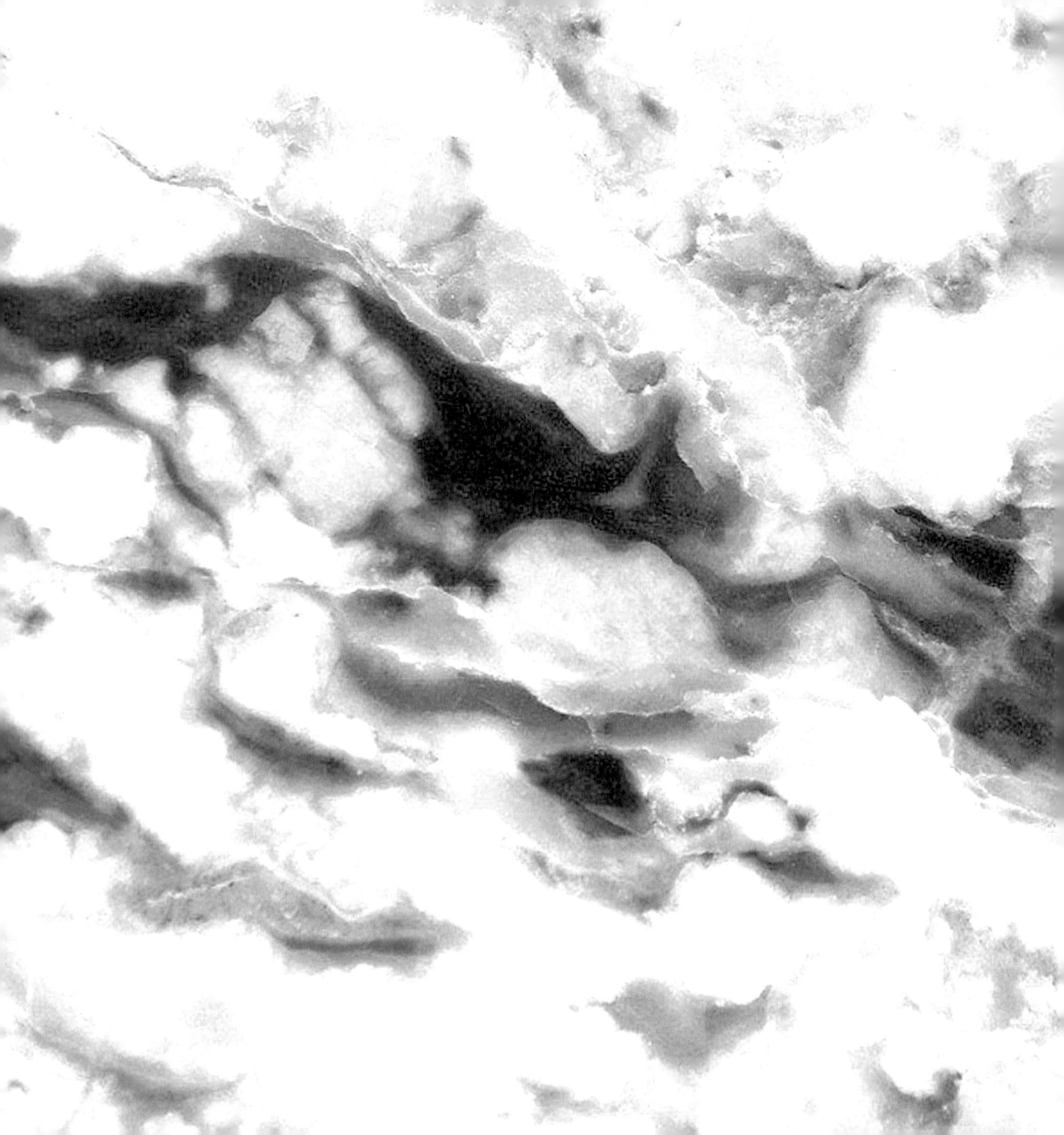

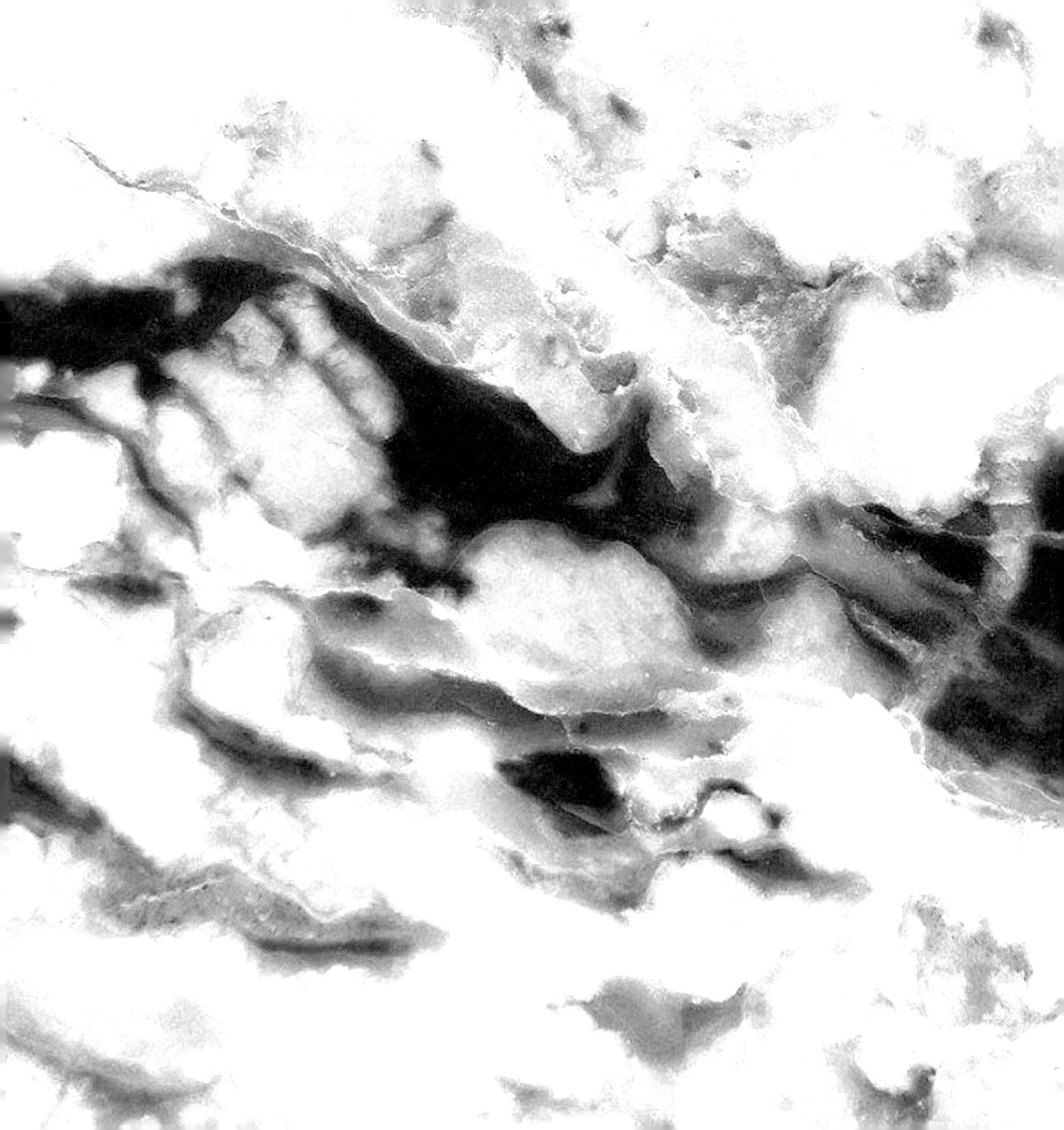

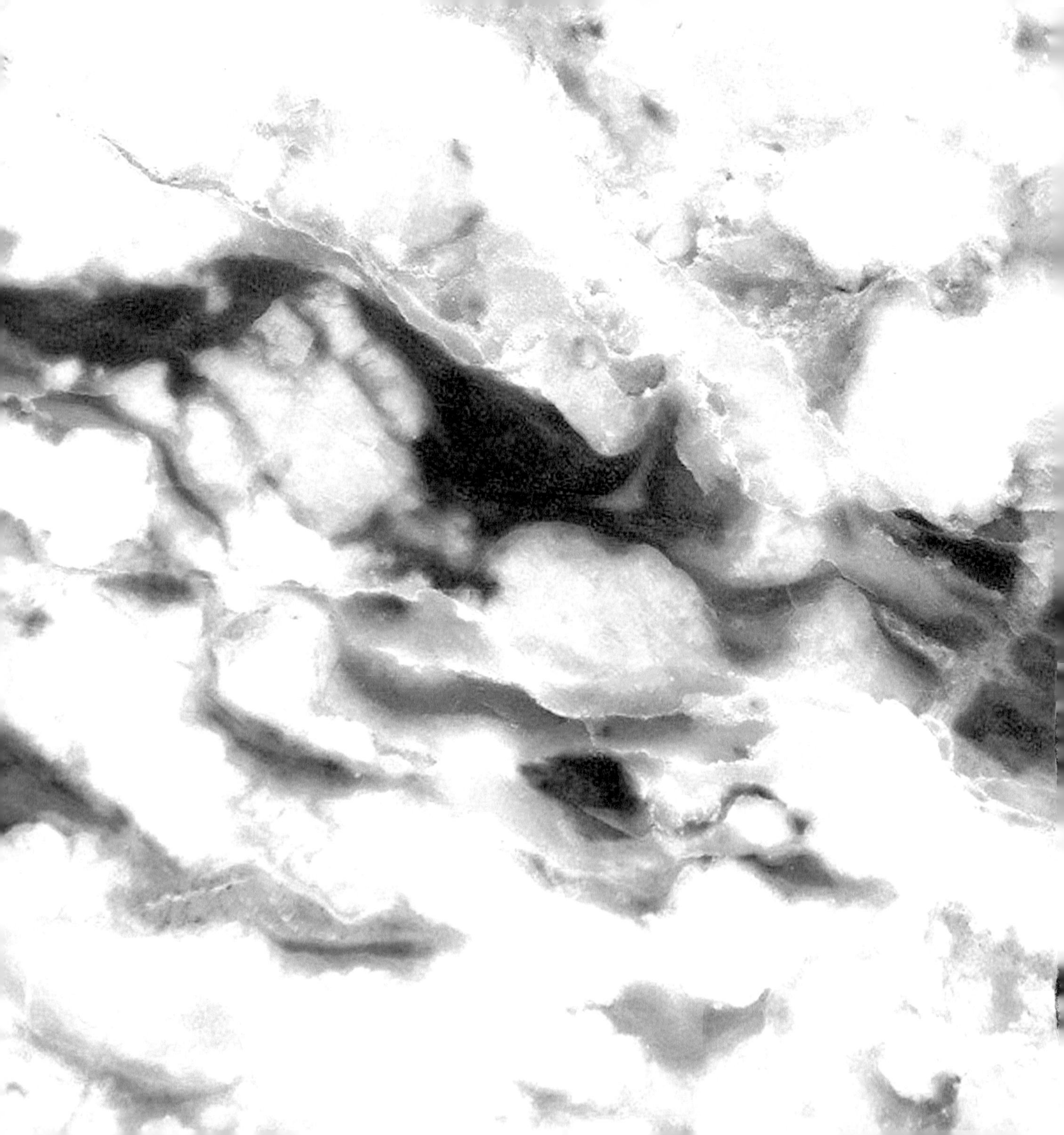

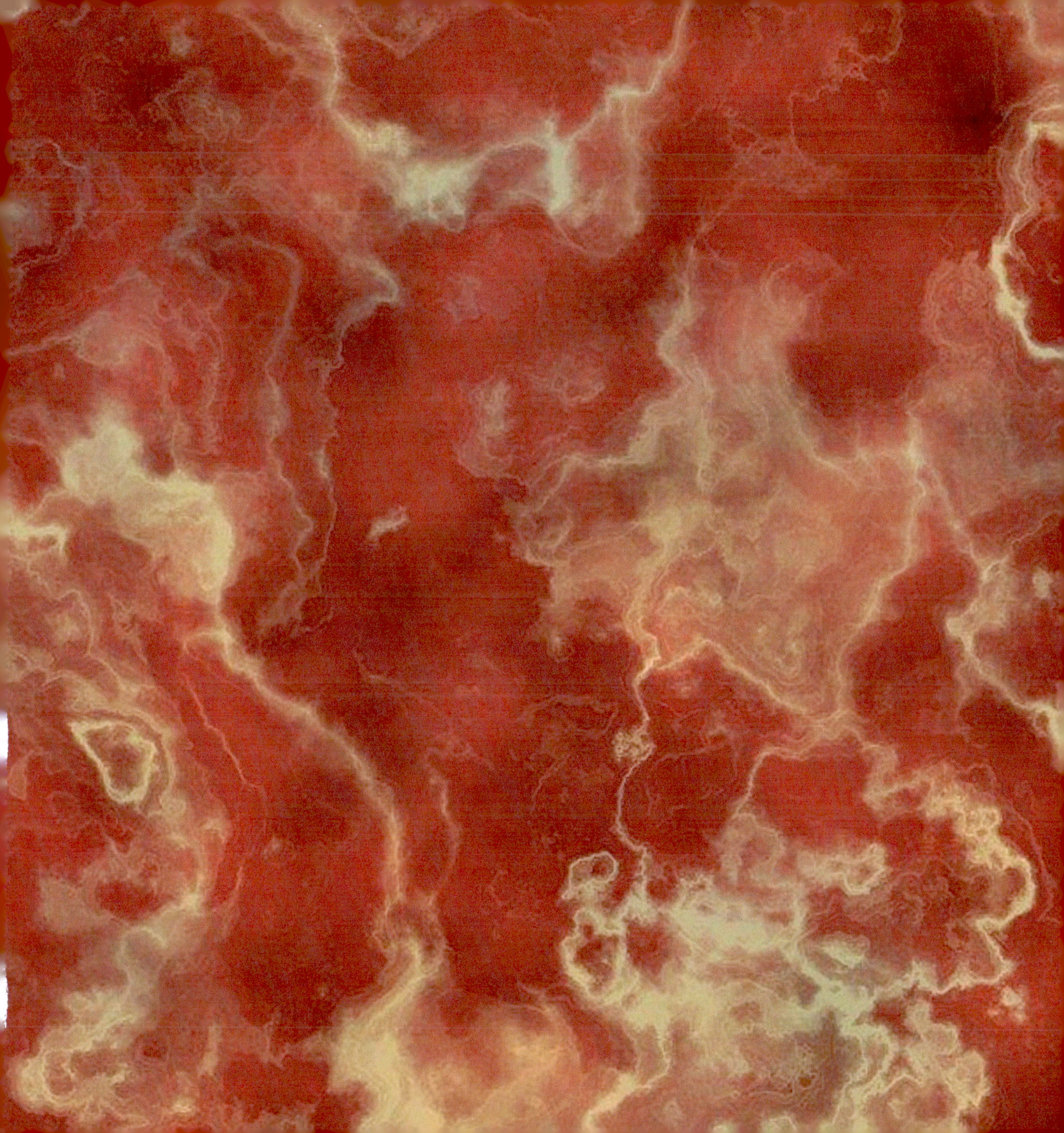

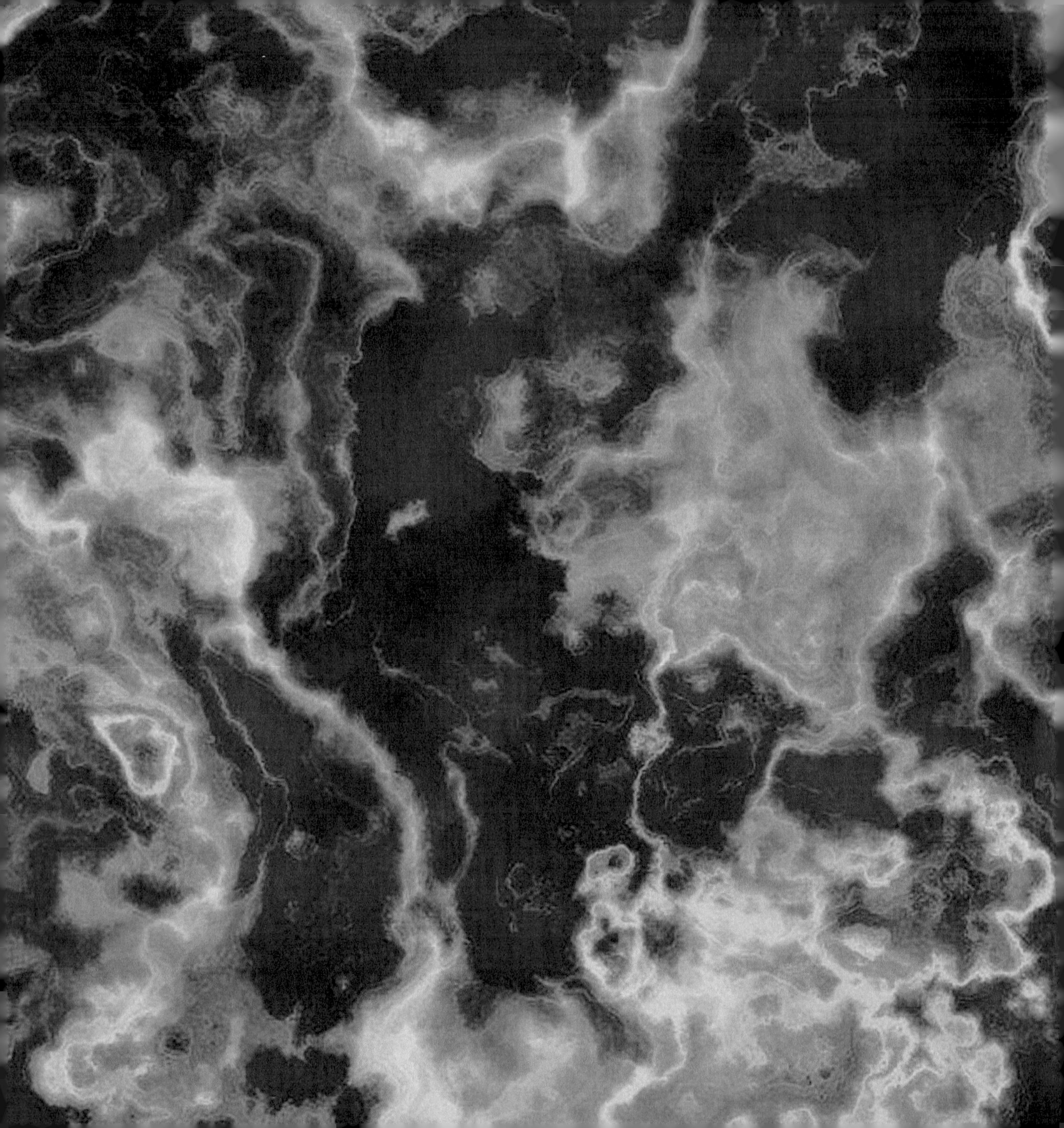

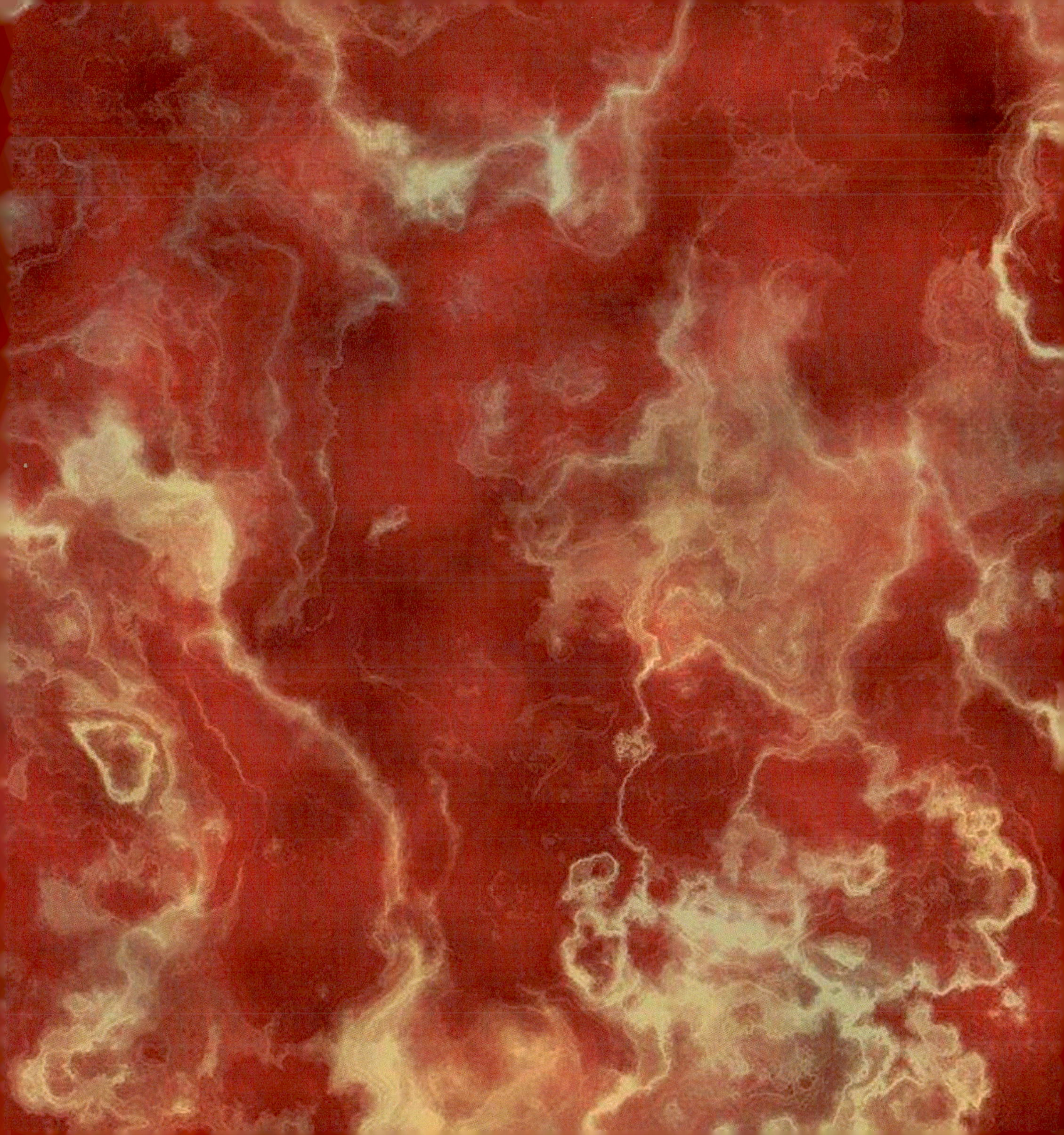

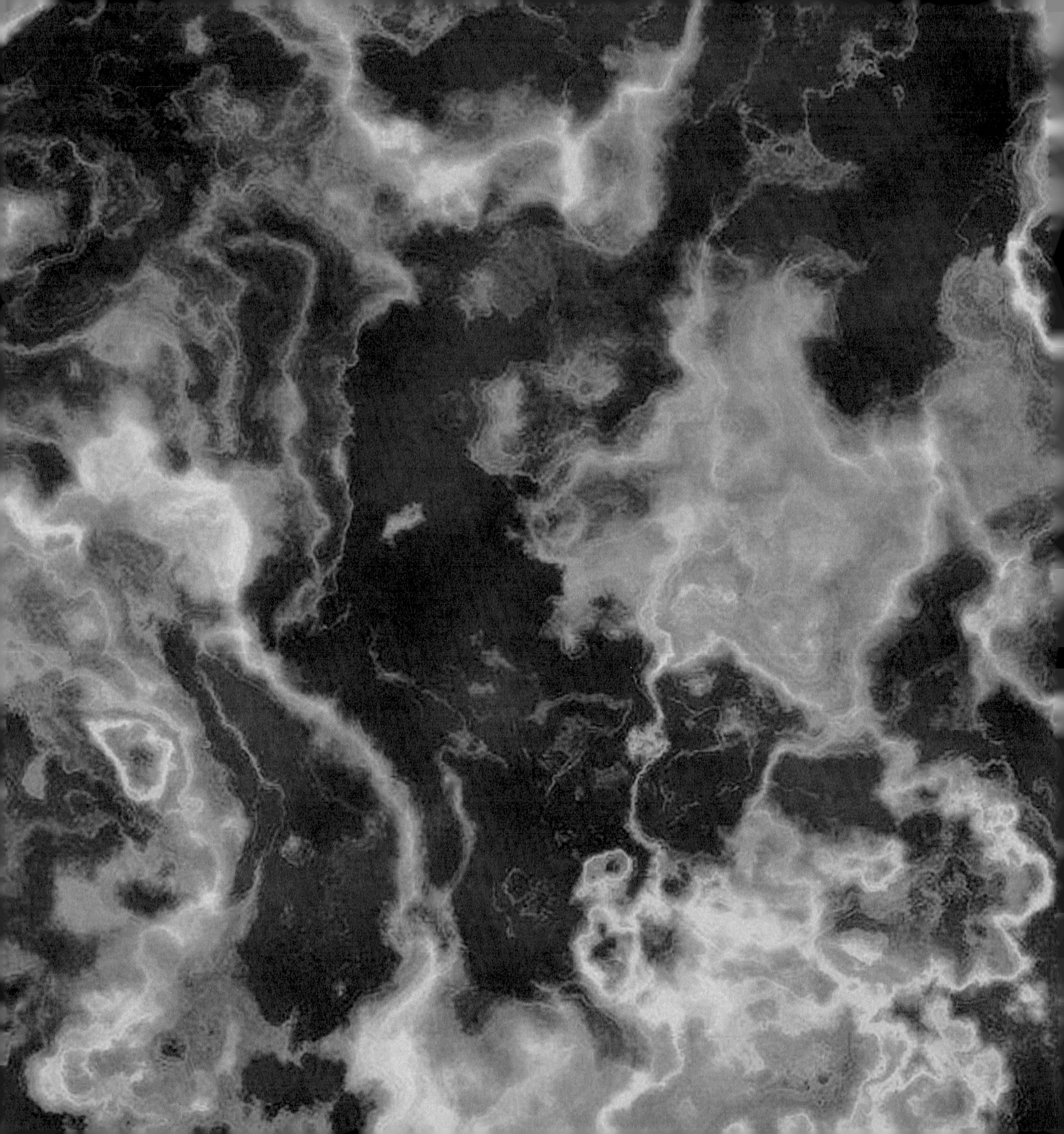

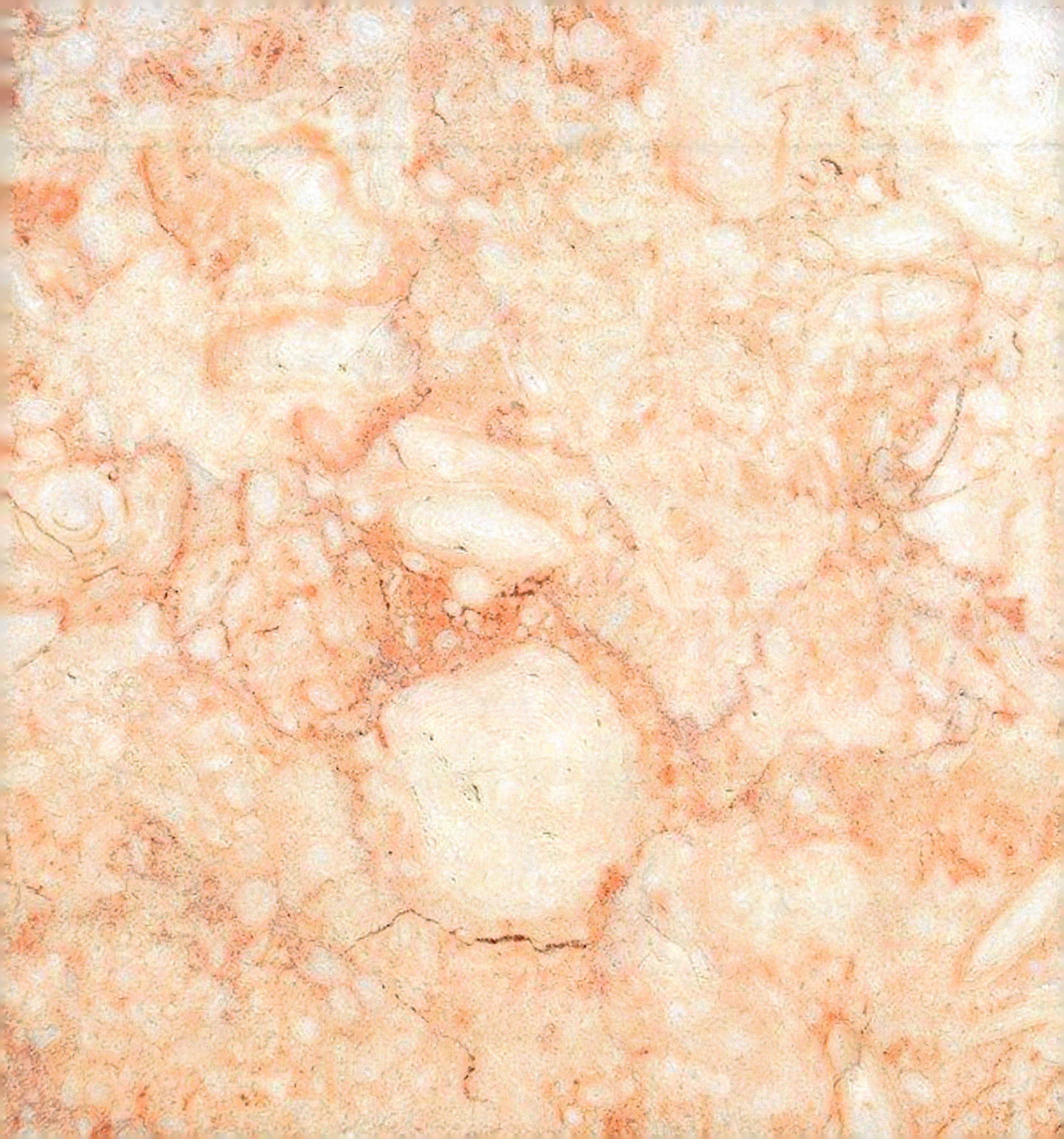

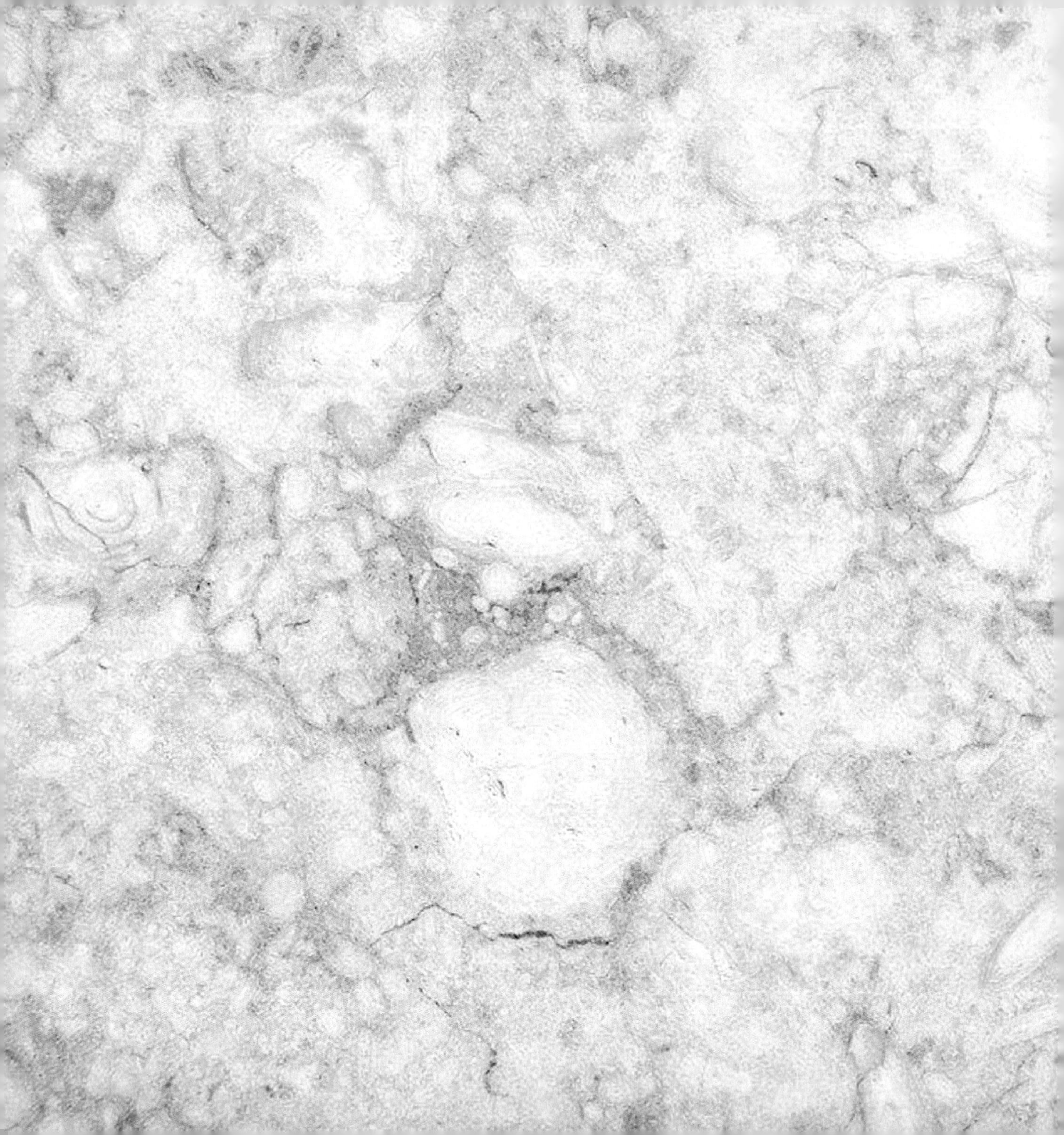

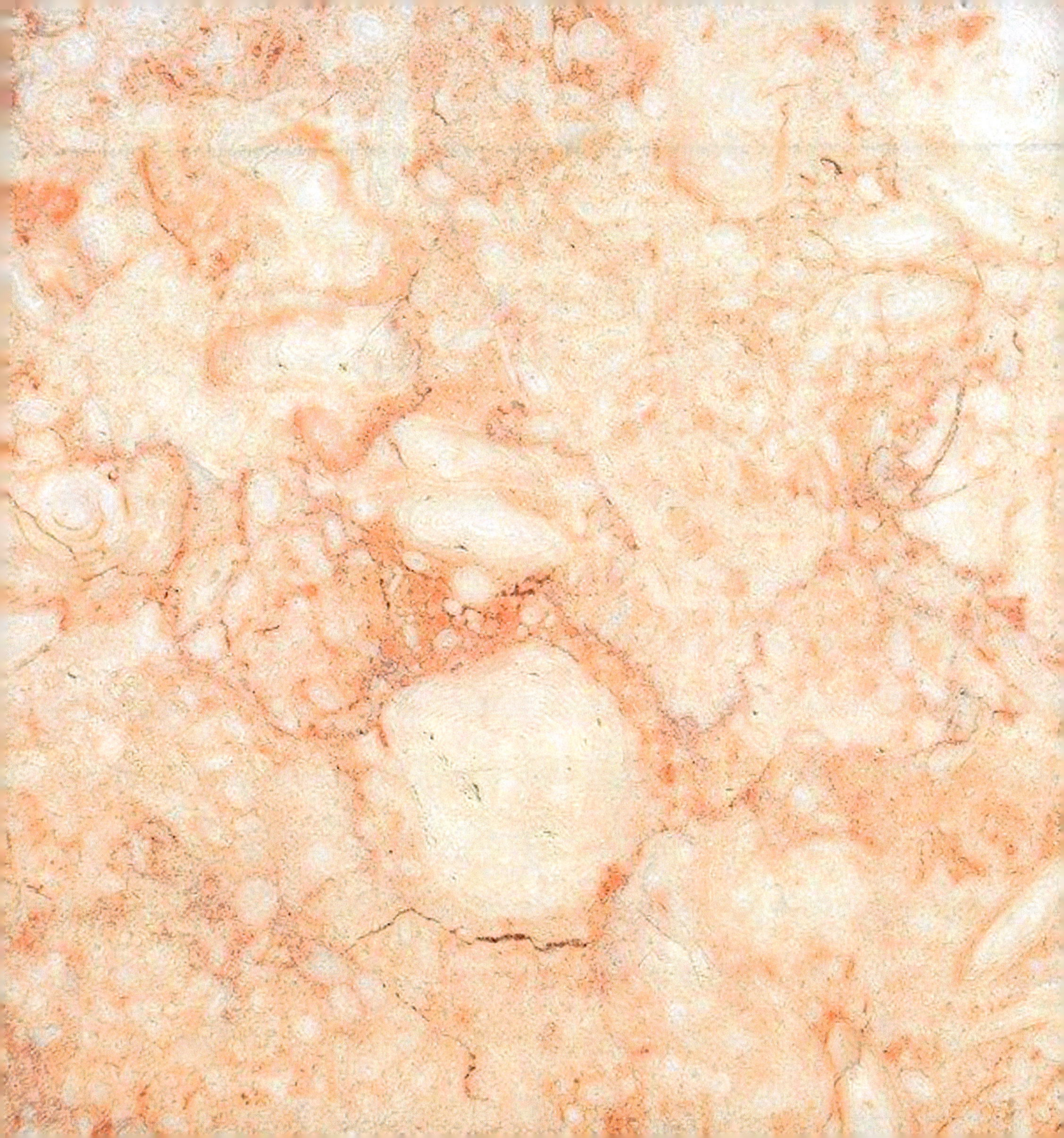

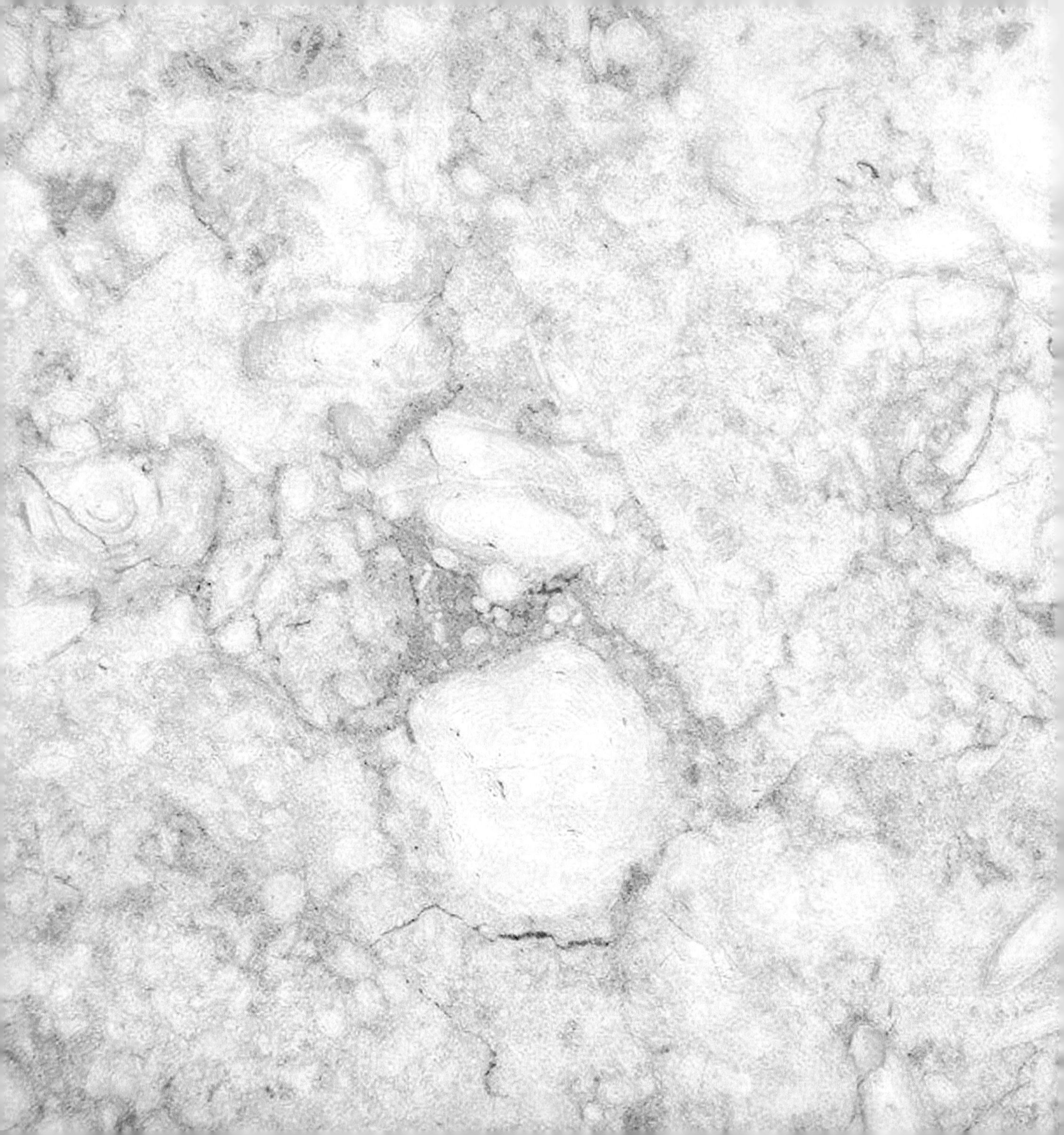

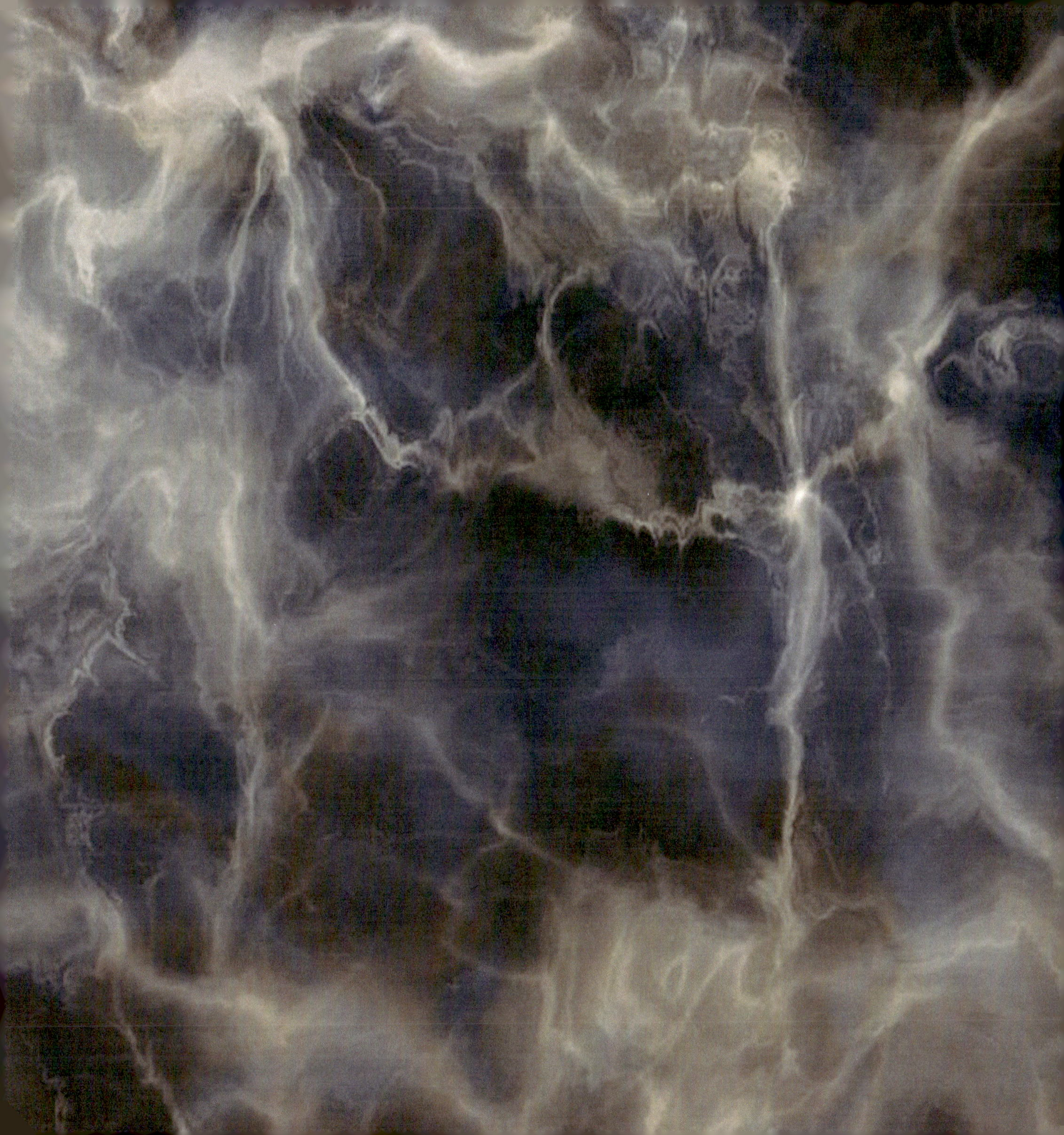

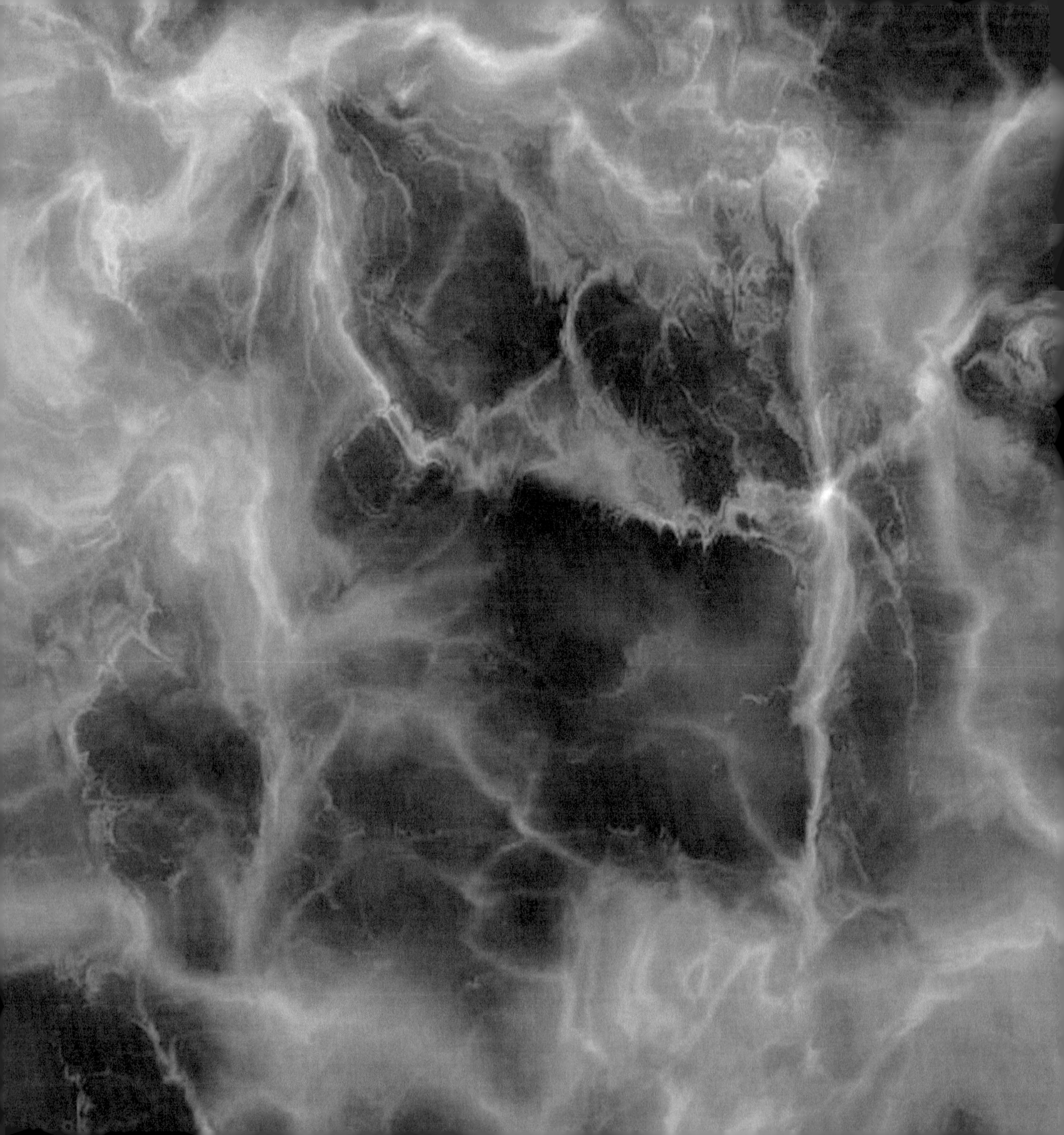

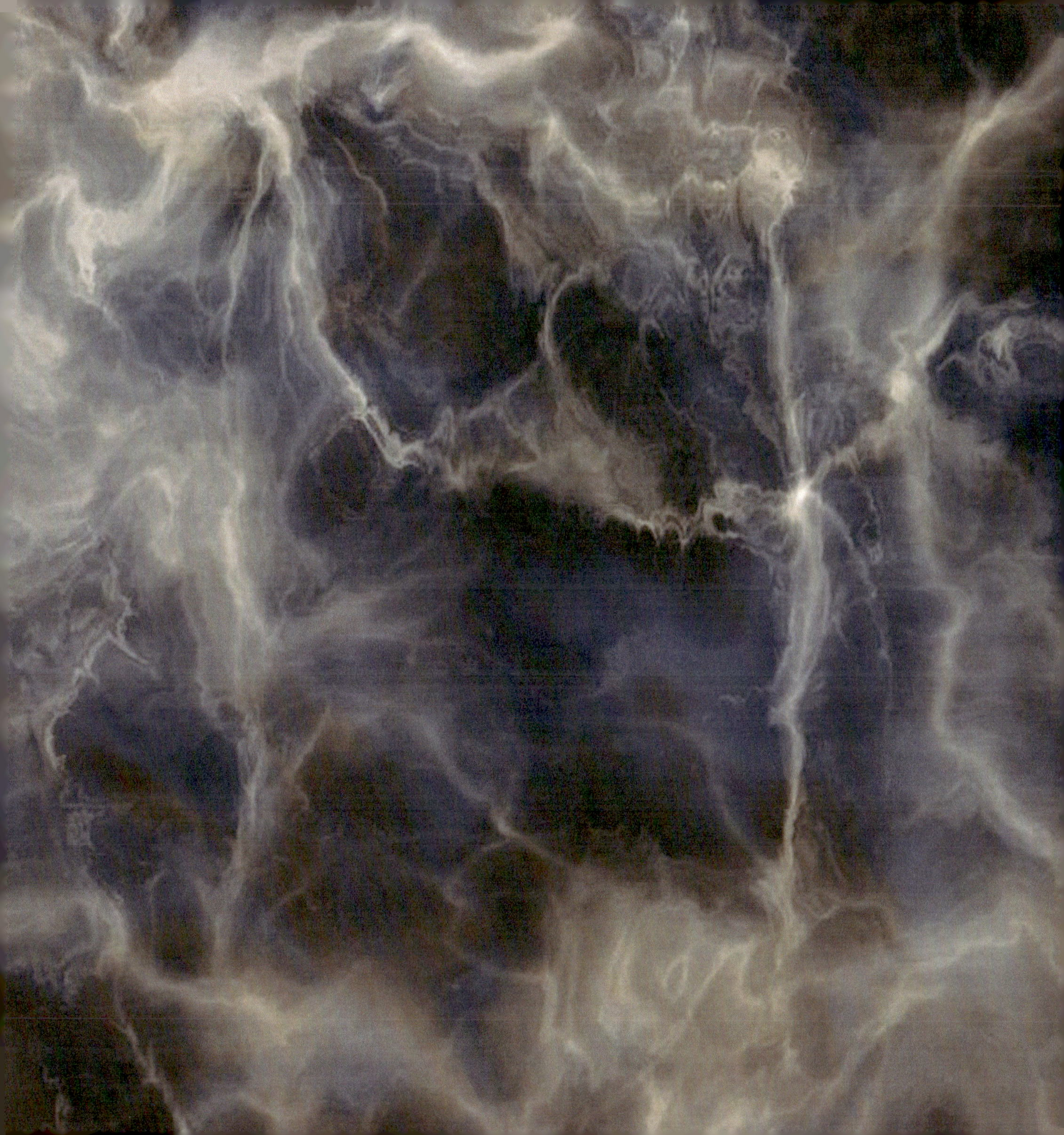

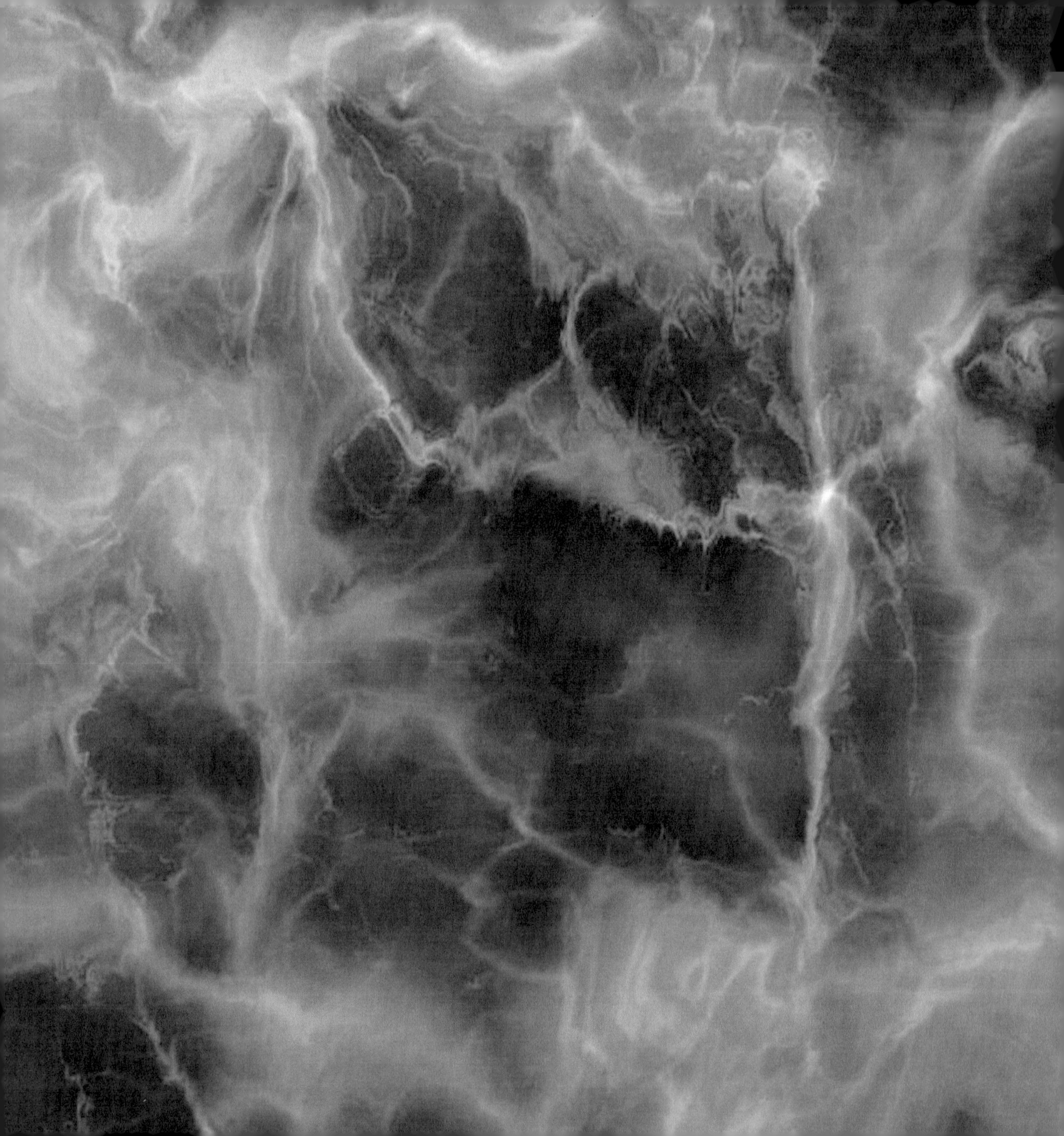

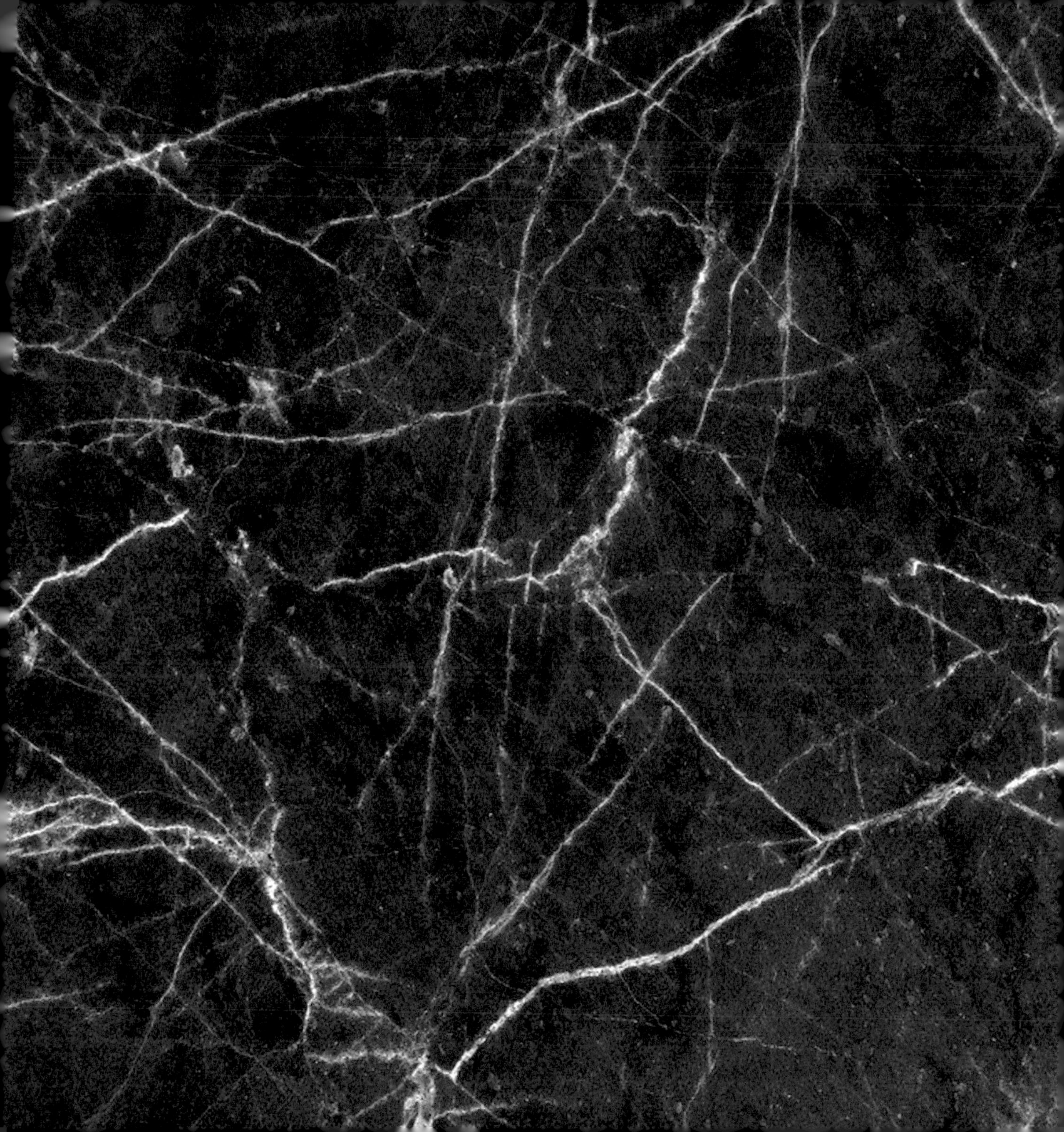

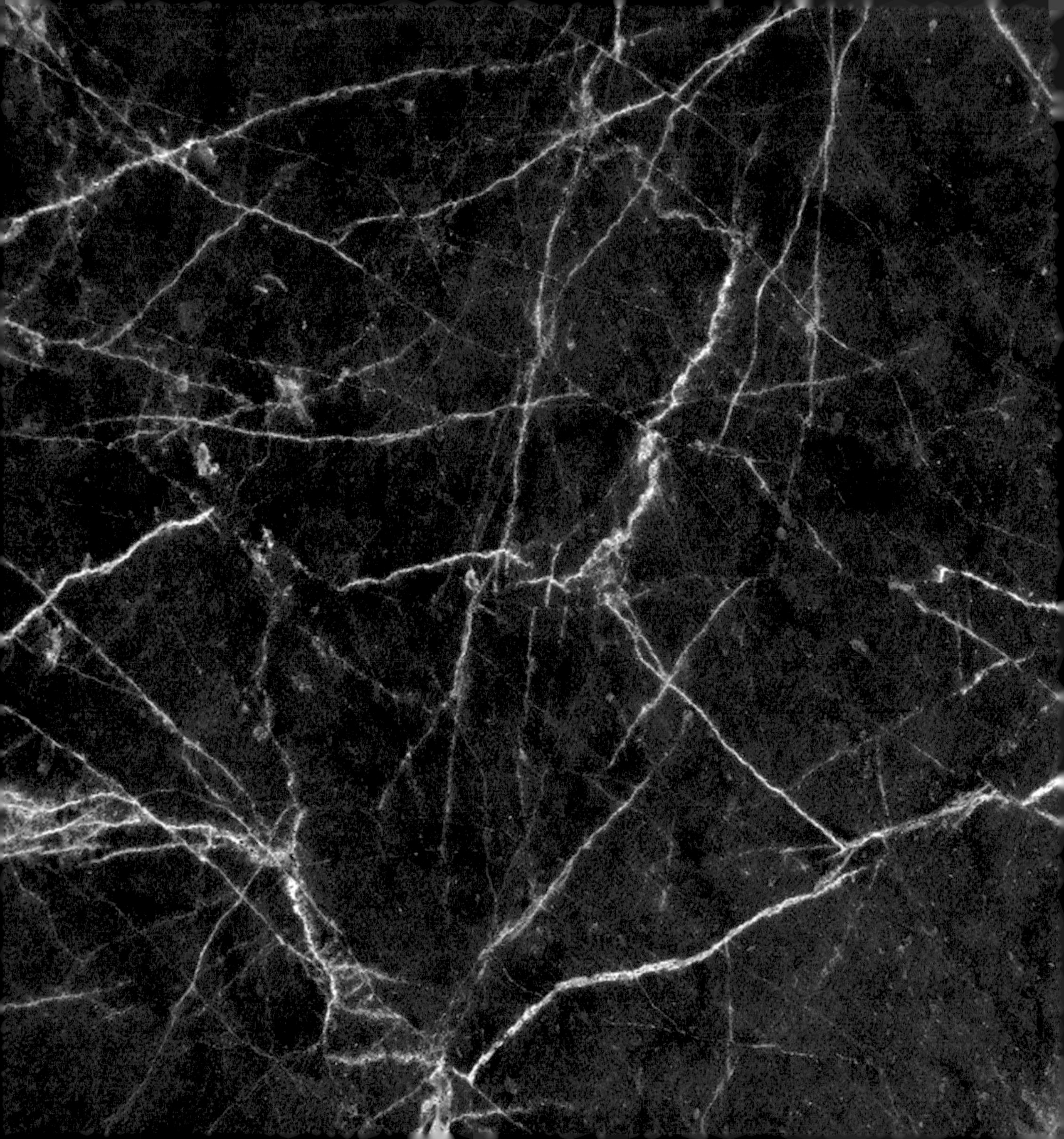

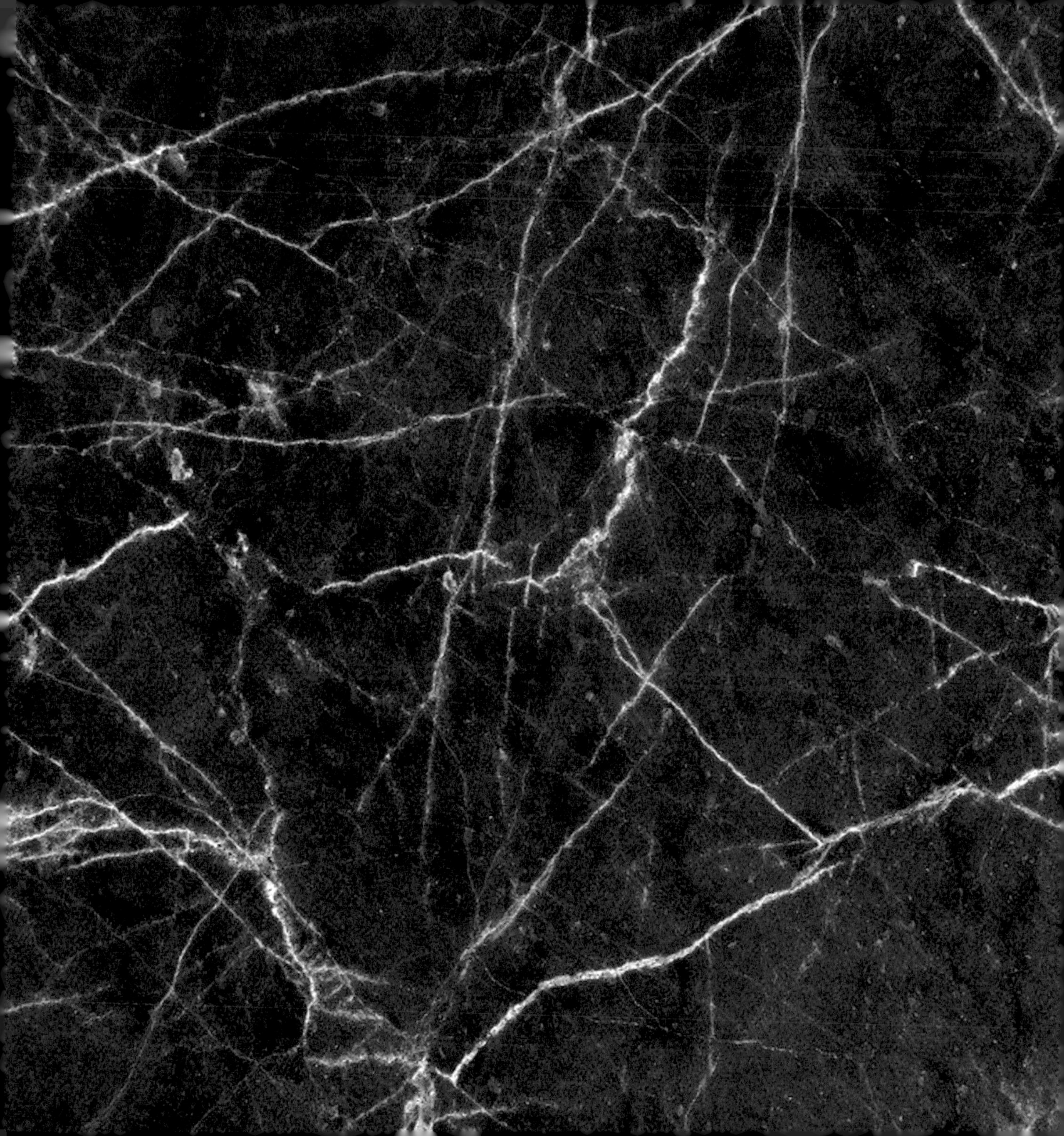

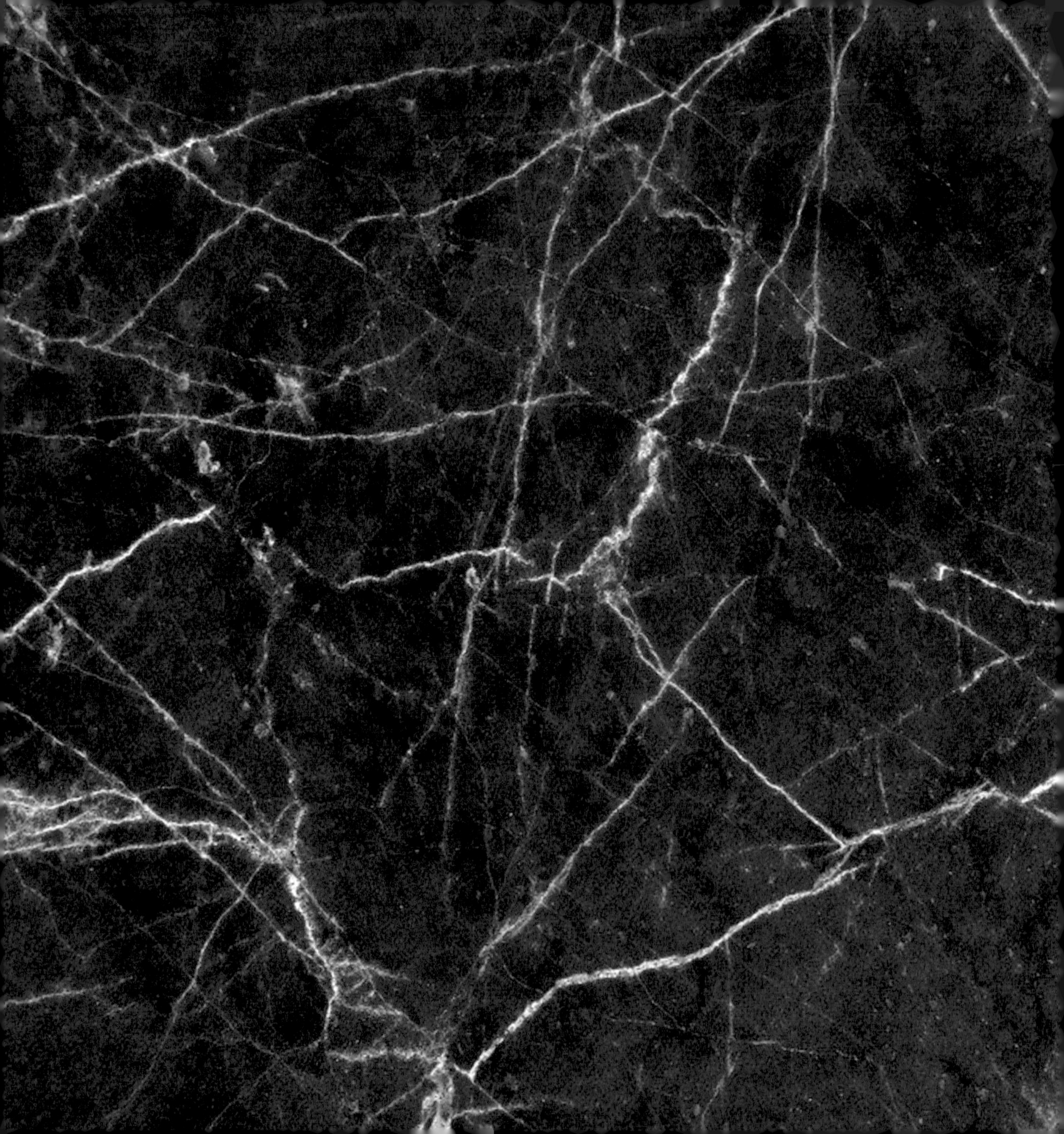

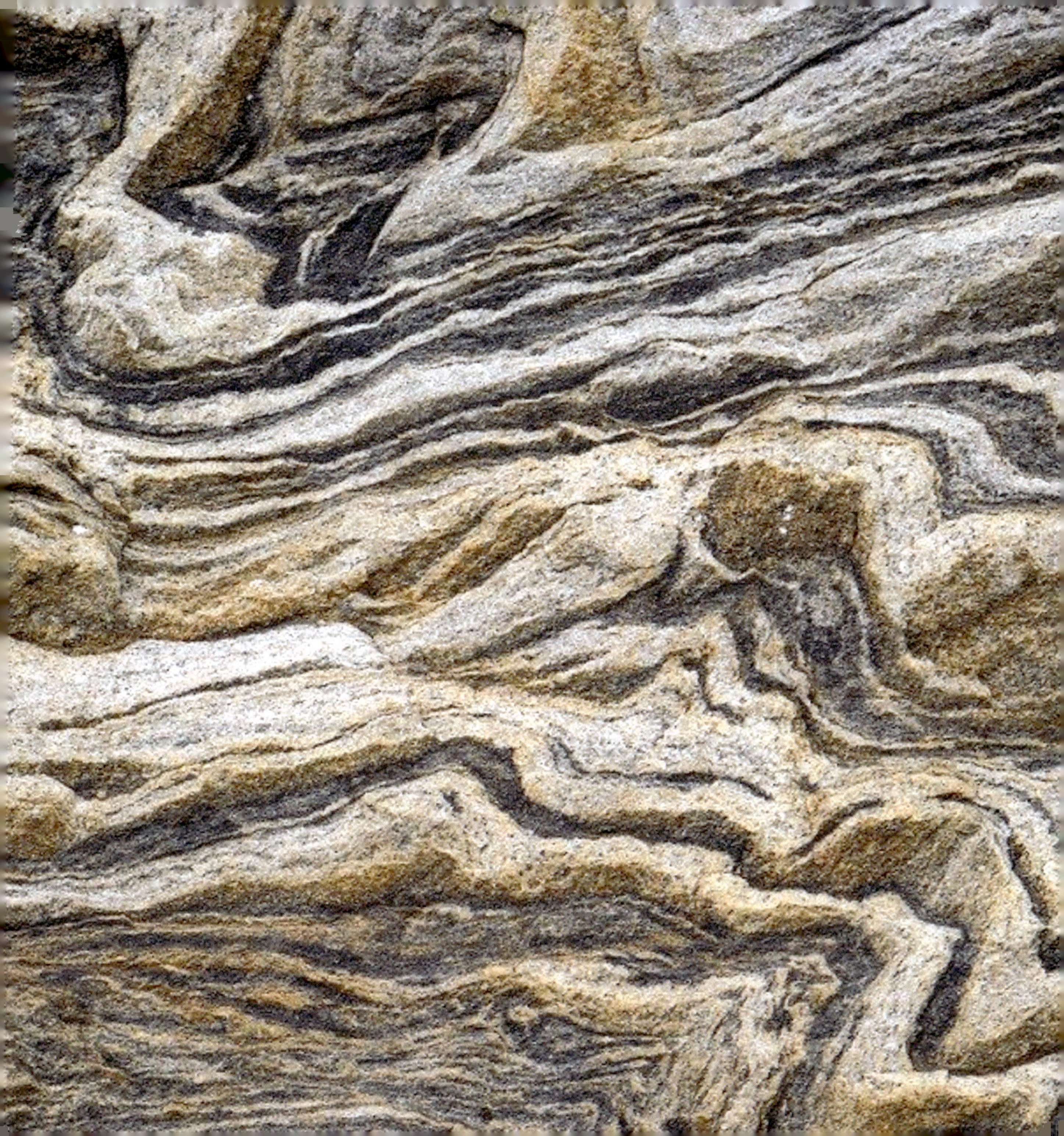

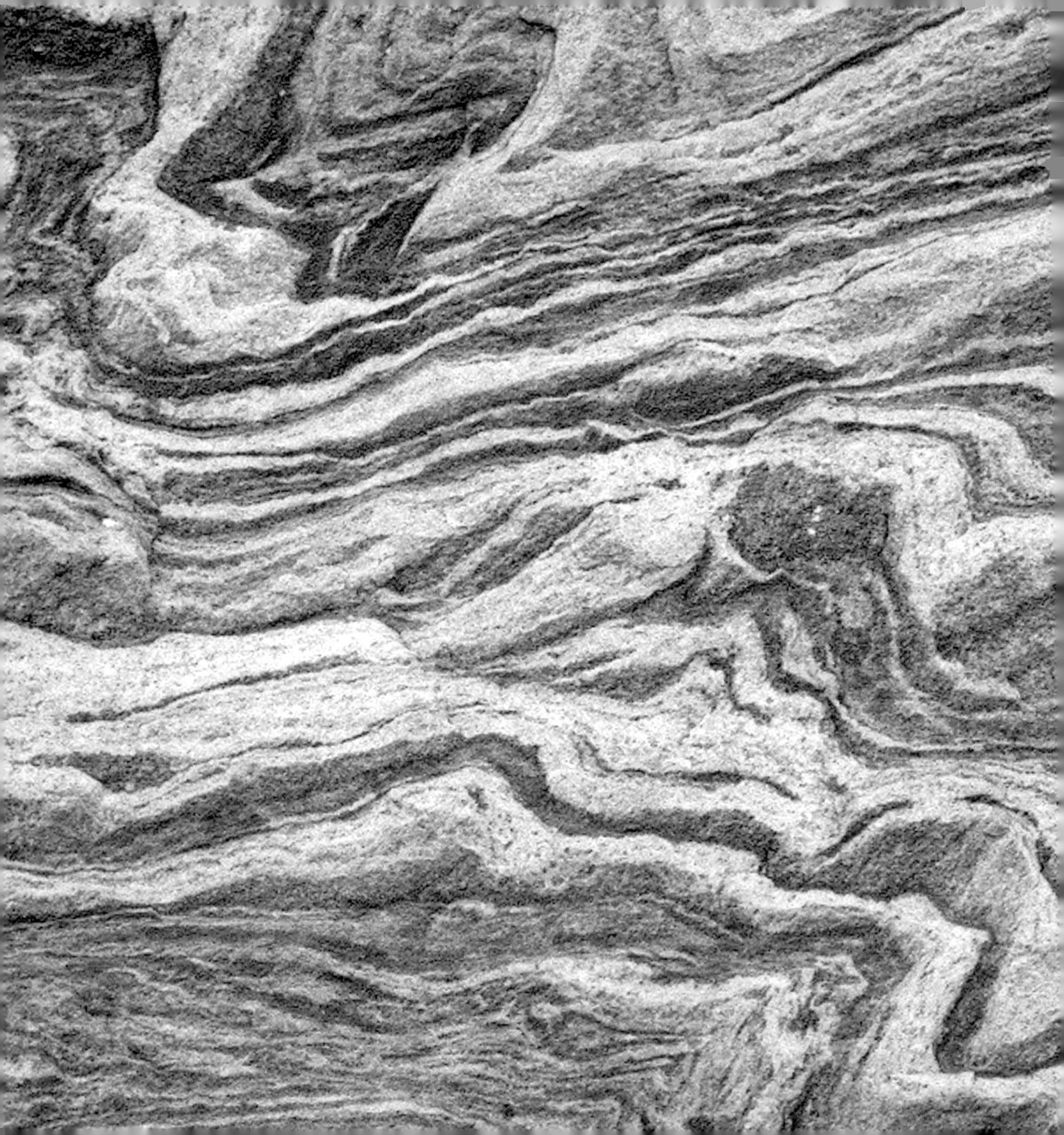

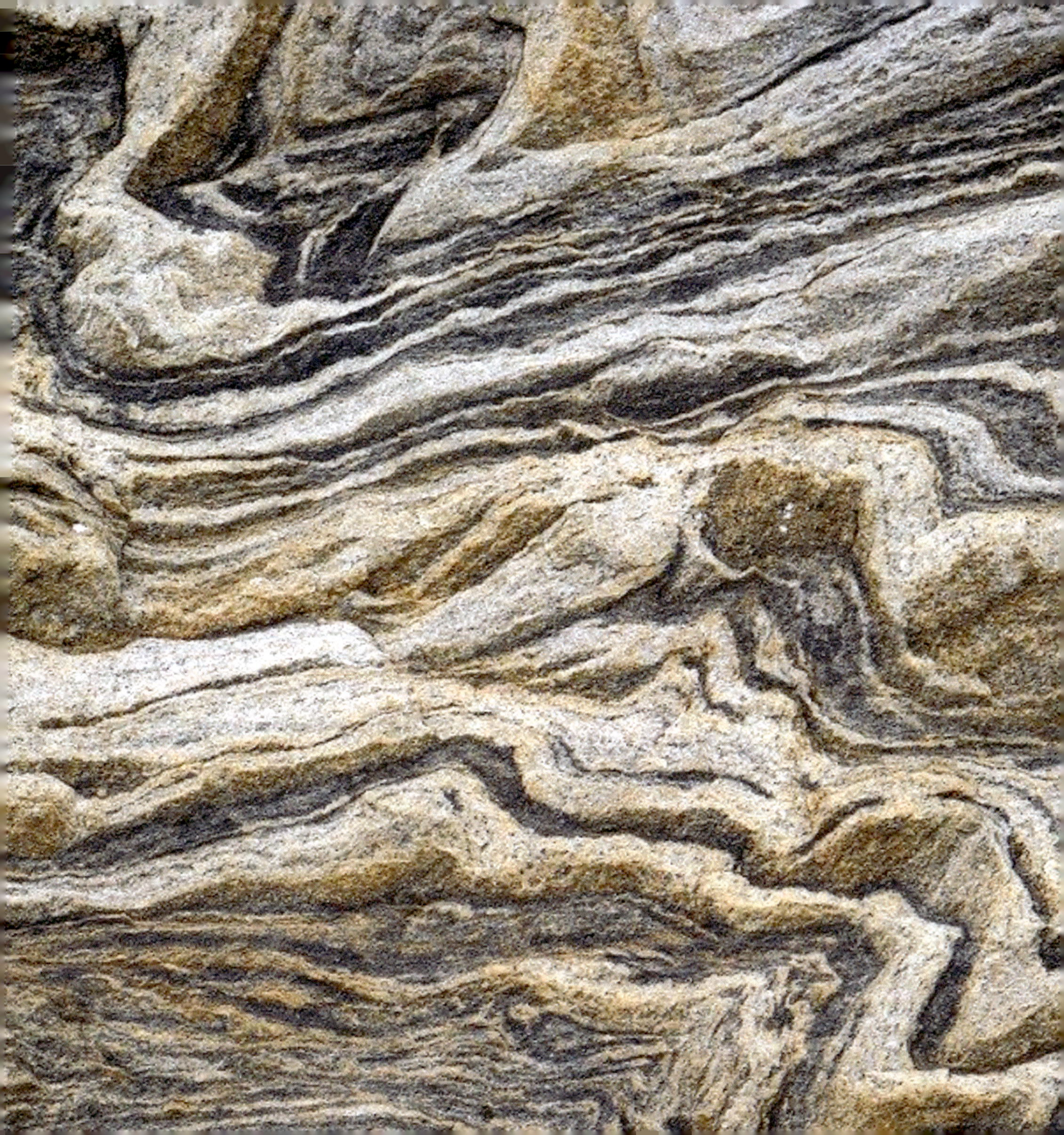

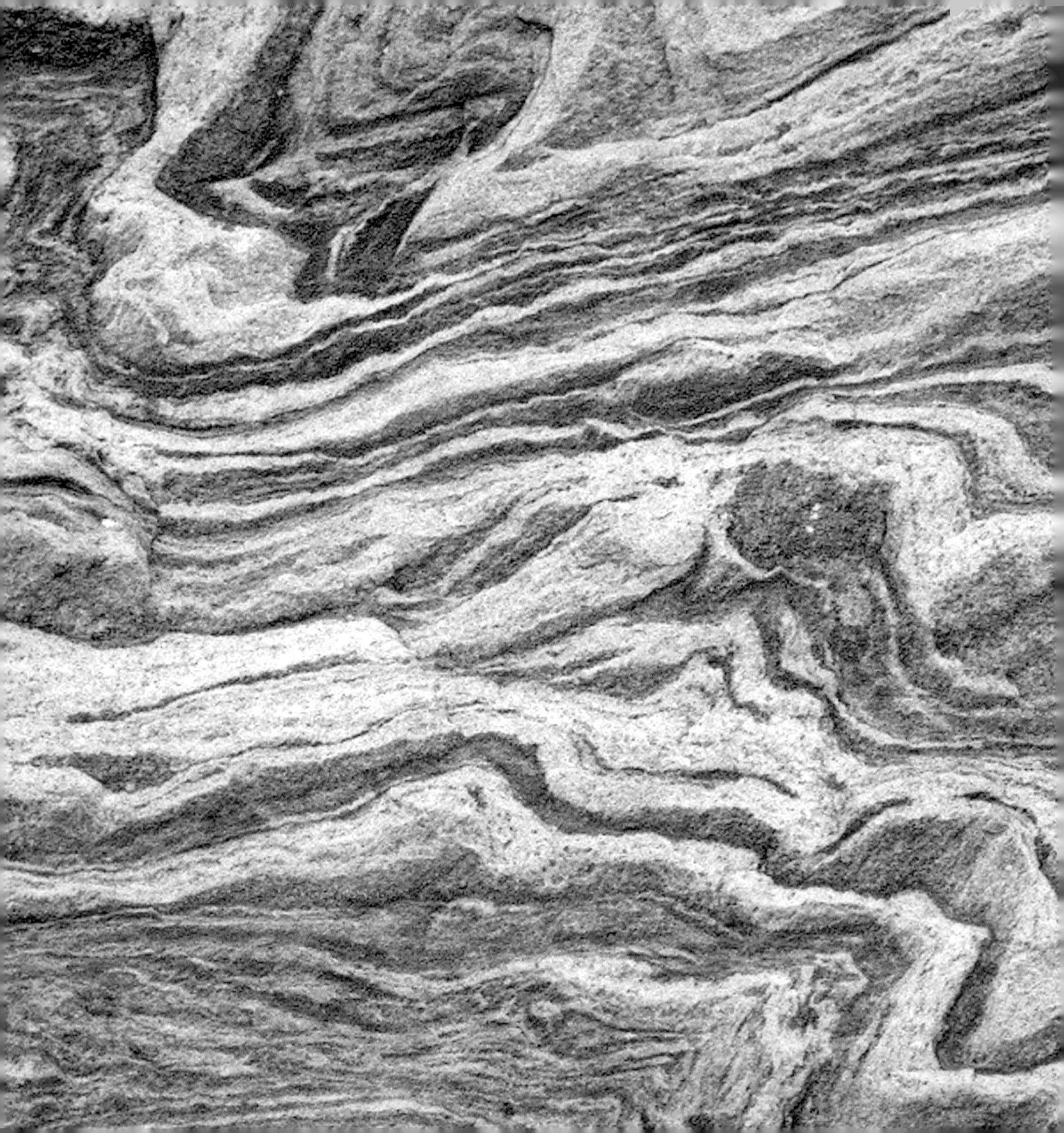

9 781951 373566